AF307724

Bettina Bormann

Baby-Led Weaning

eine Methode, bei der das Baby selbst bestimmt, was es isst

Herstellung und Verlag: BoD – Books on Demand, Norderstedt
ISBN: **9783848213856**
Bibliografische Information der Deutschen Nationalbibliothek
Die Deutsche Nationalbibliothek verzeichnet diese Publikation in der
Deutschen Nationalbibliografie; detaillierte bibliografische Daten sind
im Internet über www.dnb.de **abrufbar.**

Was ist Baby - led weaning?

Baby - led weaning (BLW) ist eine schrittweise, vom Baby geführte, Entwöhnung von der Milch zur fester Nahrung. Es bedeutet, dass Brei und Lernlöffel vergessen werden können und einfach dem Baby selbst überlassen, sich zu füttern.

Es erlaubt den Babies den Geschmack, die Farbe, den Geruch und die Textur zu erforschen. Dabei animiert es zur Eigenständigkeit und schafft viel Vertrauen und hilft den Babies dabei ihre Hand - Augen Koordination und eine gute Kaufähigkeiten zu entwickeln

Wie beginnen wir mit BLW?

Wenn Sie es mit BLW anfangen wollen, so bieten Sie Ihrem Baby eine Auswahl von nahrhaftem Fingerfood an. Achten Sie darauf das für sein Alter geeignet ist. Am besten Starten Sie, wenn Sie und Ihre Familie auch beim Essen sind. Das ist eine sehr gute Möglichkeit für Ihr Baby, an den Mahlzeiten teilzunehmen und Sie haben nicht mehr das Problem, das Sie oder Ihr Partner kalt essen müssen! Denn ab Heute kann Ihre Familie zusammen essen.

Am einfachsten ist das Fingerfood - Angebote für ein kleines Kind wenn sie sich gut mit der ganzen Hand greifen lassen wie zum Beispiel gekochter Broccoli, Möhrenstreifen oder Apfelspalten. Denn zu Beginn beherrscht ein Baby noch nicht den Pinzettengriff. Den lernt das Baby erst in den nächsten Monaten. Es hält im Moment das Essen nur in seiner Faust. Und nach und nach wird es lernen, auch kleine Teile zu greifen und zu halten, wie zum Beispiel eine Erbse.

Am Anfang spielt Ihr Baby wahrscheinlich nur mit dem Essen. Es hält einige Stückchen in seiner Faust und lutscht daran, einiges wird es auch als Wurfgeschoss nutzen. Darum ist es auch wichtig, nebenbei ihrem Baby weiterhin

Muttermilch oder Ersatzmilch zu füttern.
Geben Sie zu Beginn nur „feste Nahrung"
als Snack für Zwischendurch und stellen
Sie erst nach und nach auf feste Nahrung
um. Oder wählen Sie eine Mischform der
Fütterung. Auch Breie können weiterhin
gereicht werden. Dadurch bleibt das Essen
ein Erlebnis und Ihr Baby freut sich über
die bunte Vielfallt.

Was sind die Vorteile von BLW?

BLW gibt Ihrem Baby die Möglichkeit, alle Nahrungsmittel alleine kennen zu lernen und zu erforschen. Ihr Baby kann dadurch am Familienessen teilnehmen und wird nicht alle gefüttert. Ihr Baby kann im eigenen Tempo essen und dadurch, das es selbst entscheidet, welche „ Spalte" es heute als erstes nimmt, wird es auch bei anderen Dingen mutiger und wird in vielen Situationen anders (mutiger) reagieren, als Gleichaltrige Babies die immer von Mama und Papa mit einem Löffel gefüttert werden.

Eltern, die schon einmal BLW ausprobiert haben (und wo es auch wunderbar geklappt hat), sind im allgemeinen leidenschaftliche Kämpfer dieser Methode. Sie sagen, dass ihre Babys alles essen und dass ihnen das hilft, die Probleme beim Übergang zu fester Nahrung zu umgehen. Aber obwohl es eine Menge von anekdotenhaften Berichten über BLW gibt, hat man noch keine offiziellen Studien durchgeführt.

Und die Zeit der Breizubereitung fällt weg
und kann damit als „Freizeit" für Mama
oder als Spielzeit genutzt werden

Macht Baby - led weaning Sinn?

Baby - led weaning beruht auf der Basis wie sich die Kleinen in ihrem ersten Lebensjahr entwickeln.

Es heißt das Immun- und Verdauungssystem der Babies ist nicht bereit für anderes Essen wenn sie nicht älter als sechs Monate alt sind. Die Muttermilch oder andere Milchnahrung sind alles was sie bis zu diesem Zeitpunkt brauchen.

Ab dem sechsten Monat sind die meisten Babys dazu in der Lage aufrecht zu sitzen, die kleinen Essenstücke aufzunehmen und sie in ihren Mund zu führen und diese zu kauen. Solange sie noch nicht selbständig sitzen können, ist Baby - led noch nichts für sie. Da sie dann nicht in der Lage sind, die Stücke richtig zu kauen und zu schlucken. (Am besten einmal selbst im Liegen eine Möhre kauen, dann versteht man, wie schwer es für ein Baby sein muss, das noch nicht so viel Esserfahrung hat wie wir!)

Wird sich mein Baby nicht verschlucken?

Wenn die einfachen Regeln vom Baby - led weaning eingehalten werden, besteht keine größere Gefahr, das sich die Babies verschlucken. Nicht anders als wenn sie mit dem Löffel gefüttert werden.

Ein Baby hat einen natürlichen Würgreflex, dieser wird aber übergangen, wenn die Babies immer per Hand gefüttert werden

Und die Gegebenheit, das Ihr Babys selbst die Menge, die es essen möchte, handhabt, kontrolliert und das Essen in den Mund schieben, bedeutet das die Gefahr des Erstickens sehr gering ist. Da Ihr Baby selbst entschieden hat, das es jetzt Bereit dazu ist. Doch denken Sie daran, Ihr Baby niemals allein zu lassen, wenn es isst. Auch wenn es schon länger BLW macht, durch ein plötzliches Niesen oder wenn sich ihr Baby erschreckt, kann es zum verschlucken kommen. Auch wenn es sehr selten vorkommt, ist es besser immer ein Auge auf dem Baby zu haben, wenn es isst.

Bieten Sie Ihrem Baby immer abgekochtes Wasser, das Sie gekühlt haben, zwischendurch und zu den Mahlzeiten an.

Welches sind die Nachteile von BLW?

Sogar die frenetischsten Anhänger von BLW geben zu, das dieses Geschehen sehr viel Schmutz verursacht und sehr viel Nahrung verschwendet wird. Da ein Großteil vom Essen Ihres Babys auf dem Fußboden landet, so ist die Menge der Nährstoffe, die es durch die Nahrung aufnehmen kann, natürlich begrenzt.

Babys finden es sicher schwierig, auf Dingen wie ein sehr gut durchgekochtes Stück Fleisch zu kauen. Dabei ist es der beste Lieferant von Eisen, das das Baby ab dem sechsten Monat an braucht, da die Muttermilch ihm nicht mehr genug geben kann. Breie und pürierte Babynahrung ist eine Brücke zwischen flüssiger und fester Nahrung. In den vorgefertigten Breien ist daher immer Eisen und noch einiges mehr, beigefügt.

Sie können leichter feststellen, wie viel Ihr Baby isst, wenn es mit einem Löffel gefüttert wird. Ab dem Alter von sechs Monaten können Babys Nahrung von einem Löffel mit Hilfe ihrer Oberlippe nehmen und saugen sie nicht mehr ab, so wie sie es vorher getan haben.

Die Essenzeit dauert länger und man muss damit rechnen, das das Baby auch gerne einmal einfach mal mit dem Essen spielt und sich auch damit unterhält. Anstatt es, wie bei einer Fütterung einfach zu essen.

**Eignet sich BLW für Brust - und
Flaschenbabys?**

Beides JA.

Sowohl stillende als auch Mütter die
Fertignahrung verwenden sind von der
Methode überzeugt und begeistert.

Es macht keinen Unterschied oder ein
Baby vorher gestillt wurde oder Fertigmilch
bekommen hat. Beide haben sie gleichen
Grundvoraussetzungen und werden die
Umstellung gut bewältigen.

Gibt es irgendwelche Gründe, weshalb wir BLW nicht ausprobieren sollten?

Zuerst sollten sie Ihrem / Ihrer Ärztin oder Ihrer Hebamme sprechen, bevor sie BLW ausprobieren!

Vor allem wenn Folgendes auf Sie zutrifft:

Es gibt in Ihrer Familie eine Vorgeschichte von Allergien, Verdauungsproblemen oder Nahrungsmittelunverträglichkeit

Ihr Baby hat spezielle Bedürfnisse und /oder kann nicht gut kauen.

Ihr Baby hat Schwierigkeiten, das Essen in die seine Hand zu nehmen und zum Mund zu führen

Ihr Baby ist eine Frühgeburt

Was kann ich alles füttern?

Das hier sind nur ein paar gängige Beispiele. Nach und nach werden immer mehr Sorten dazukommen. Beim Gemüse ist es nützlich und vor allem hilfreich, sich einen Dampfgarer zu kaufen. Viele Sorten sind zu Beginn noch zu hart und durch einen normalen Kochvorgang werden sie zu matschig und können nicht mehr vom Baby gehalten werden, weil sie einfach zerdrückt werden.

Obst

Aprikosen *roh, ganz (ohne Stein) oder in Hälften*

Melone *Schnitze oder kleinere Stücke*

Apfel *gedünstet (harte Sorten) oder roh (weiche / krümelige Sorten), in Achtel oder Viertel*

Birne *roh, am Stück oder in Vierteln/Hälften*

Pfirsich/Nektarine *roh (auf reife Früchte achten, sonst zu hart) in Vierteln oder Hälften*

Pflaumen / Zwetschgen *roh, ganz (ohne Stein) oder in Hälften*

Banane *ganze oder halbe Banane am Stück (ohne Schale)*

Feige roh, *ganz oder halbiert (nur frische Früchte)*

Weintrauben roh (ohne Kerne)

Kirschen roh (ohne Kerne)

Wenn man die Möglichkeit hat, freut sich auch jedes Baby über Exotische Früchte wie z. B. die Dragonfruit.

Gemüse

Zucchini roh oder gedünstet (oder auch mit
sehr wenig Fett angebraten, da sie schnell
zu weich wird)

Karotten

Brokkoli gedünstet

Kartoffeln gekocht

Gurke

Paprika (am besten mit den Roten
beginnen)

Kohlrabi geschält, roh oder gedünstet

Spinatblätter gedünstet

Erbsen

Bohnen gedünstet

Pastinaken

Im Grunde genommen, kann man alles
nehmen, was es auch in Gläschen gibt
oder was wir auch essen. Die Stücke
müssen so groß sein, das das Baby es gut
halten kann du vor allem nicht zu klein.
Erbsen z. B. sind für den Anfang nicht
geeignet. Das Baby kann sie noch nicht
aufnehmen und dadurch würde es gleich
zu Anfang die Lust am neuen Esser
verlieren. Fangen sie am besten mit
Karotten – Streifen an. Die kann ihr Baby
gut halten und lernt so „spielerisch" beim
raufrumkauen, das man es essen kann.
NUR OHNE SALZ!

SALZ

In Deutschland ist empfohlen bei
Babynahrung komplett auf Salz zu
verzichten!

Dafür werden zwei Gründe angegeben:
zum einen sollen die Nieren in diesem
Alter noch keine größeren Mengen Salz
verarbeiten können und auf der andern
Seite will man vermeiden, Kinder schon in
diesem Alter zu salziges Essen gewöhnen
werden.

Als Richtlinie sollte man das erste Jahr
ohne Salz auskommen, alle Menüs vom
Baby sollten daher separat zu dem
Erwachsenenessen zubereitet werden.
Und auch wenn das Kind älter als ein Jahr
ist, mit Salz immer sparsam umgehen.
Auch sollte man darauf achten, das das
Kind nicht an eine zu große Menge Salz
kommen kann, wie z. B. einen Salzstreuer.
Auch wenn es sicher viele Ammenmärchen
darüber gibt, im schlimmsten Fall kann es
zu einer andauernden Schädigung oder
schlimmerem kommen…

Darum meine Bitte an alle Mama`s und
Papa`s, das Salz lieber immer gut
wegstellen, das die Kinder nicht
drankommen.

Essen lernen

Um wirklich essen zu können, sind einige komplexe Vorgänge nötig, die das Baby erst erlernen muss. Die Kaubewegung ist eine davon. Das ist aber erst wichtig wenn das Essen mit Fingern oder Zunge in Richtung Kauleisten geschoben werden kann, also schon wieder eine neue Fähigkeit. Alleine das Gefühl, plötzlich den Mund voll mit Nichtflüssigem zu haben, ist für die Babies erst einmal neu und ungewohnt. Die unterschiedliche Konsistenz der Lebensmittel wollen erforscht sein. Das eine ist weich und matschig, das andere weich, aber trocken, das nächste hart und bröselig, wieder anderes hart und feucht. Für jede Konsistenz müssen ganz eigene kleine Techniken entwickelt und erlernt werden.

Das ist natürlich anstrengend und einige Babies werden vor dem „sattsein" müde oder genervt. Davon lassen sie sich aber nicht entmutigen und sind beim nächsten Mal wieder genau so begeistert wie beim letzten Mal. Nur die Eltern dürfen sich nicht entmutigen lassen.

Zu Beginn ist es auch mehr ein lutschen als ein essen, darum zu Beginn immer erst die Nahrung geben, die das Baby zur Zeit isst und danach etwas von den neuen Lebensmitteln anbieten.

Dabei sollte man genau so vorgehen wie bei jedem Lebensmittelwechsel, immer nur eine Sorte anbieten. Ein paar Tage damit füttern und dann eine neue Variante anbieten. Und immer so weiter, bis alles einmal ausprobiert ist und Sie wissen, was ihr Baby gerne mag und was nicht.

Am Anfang sollten die Eltern BLW ehr als Spiel für das Baby ansehen, da wird entdeckt und geforscht, es wird ausprobiert was passiert wenn man sich die Möhre in die Nase steckt, auf den Kopf haut oder wenn man der Möhre erzählt was man schon alles erlebt hat. Doch irgendwann kommt der Augenblick, wo sie im Mund landet und das Baby merkt das es ein ganz anderer Geschmack ist, als z. B. das Lieblingsspielzeug und das das neues Objekt auch „annagbar" ist.

Nach und nach wird es immer einfacher, dem Baby neue Sorten schmackhaft zu machen. Wenn es mit den Möhren gut geklappt hat und jetzt Birnen dran sind, einfach die Möhren und die Birnen nebeneinander legen.

Das Baby wird schnell merken das die Birnen auch toll sind und sie sich in den Mund stecken und dabei merken wie lecker sie sind.

Leitfaden

Los geht es mit ca. 6 Monaten, wenn das Baby Interesse am Essen zeigt

Es geht immer erst los, wenn das Baby schon gegessen hat, dann ist es offener für Neues

Die Lebensmittel werden nur angeboten, aber niemals in den Mund vom Baby gesteckt. Es soll alles selbst erforschen

Teller braucht man zu Beginn nicht, am besten legt man die Lebensmittel auf das Tablett vom Hochstuhl

Das Baby nimmt am normalen Essen der Familie teil

Das Baby kann selbständig sitzen und wird niemals mit den neuen Lebensmitteln im liegen gefüttert

Das Baby wird beim Essen nicht alleine gelassen

Zu Beginn sind die Lebensmittel in handlichen Portionen für das Baby. Sie müssen sich gut mit der Hand umschließen lassen. Kleine Lebensmittel kommen erst später dran, wenn das Baby gelernt hat kleine Teile zu fassen und zu halten

Die Lebensmittelauswahl ist gesund und
reichhaltig, doch die Sorten wechseln
immer erst nach und nach

Diese Form der Baby-Ernährung ist nicht
neu, sie ist nur in Vergessenheit geraten...